Murhekuu

Sanni Pessi, Tanja Säisä, Mikko Ylirinne, Sami Antero Nygrén,
Laura Aro

Murhekuu

Runoantologia

Sisuksen taitto: Sami Antero Nygrén

Kannen kuvitus: Reija Leinonen

Sisuksen kuvitus:

Laura Aro: s.61 ja s.102.

Sanni Pessi: s.19, s,24, s.78, s.116, s.138

Sami Antero Nygrén: s.105, s.107, s.109, s.113

Kustantaja: BoD – Books on Demand, Helsinki, Suomi
Valmistaja: BoD – Books on Demand, Norderstedt, Saksa
ISBN: 978-952-80-8204-0

SISÄLLYSLUETTELO

Esipuhe

"Kalliit on laulujen lunnaat", tiesi jo Eino Leino. Runous onkin ollut halki

aikojen inhimillisen kokemuksen kieltä. Se on kertonut usein kärsimyksestä,

mutta sitä on kirjoitettu selviytymistarkoituksessa. Kokemukset ovat

jäsentyneet paperille, ja moni kaaos on joutunut alistumaan järjestykselle.

Tämän antologian kirjoittajia yhdistää kokemus kärsimyksestä ja

selviytymisestä. Niin koettelemukset kuin selviytymiskeinotkin ovat olleet

moninaisia, eivätkä kirjoittajat jaa yhtä maailmankatsomusta tai tarjoa

valmista ratkaisupakettia kanssavaeltajilleen. Jokaisella on oma uniikki

runokielensä, omat ainutlaatuiset kokemuksensa ja omat voimavaransa.

Näistä kaikista kertoo Murhekuu.

Murhekuu nousee ajoittain itse kunkin taivaalle, toisinaan täytenä ja

kelmeänä, joskus pienempänä sirppinä. Yötä ei voi välttää, mutta silloinkin

kuu heijastaa valoa. Toiveeni on, että Murhekuu voisi valaista väsyneen

kulkijan tietä eteenpäin ainakin palan matkaa.

Tahdon kiittää Sami Antero Nygréniä tämän kirjavan joukon kokoamisesta.

Samoin haluan onnitella rohkeita kanssakirjoittajiani siitä, että he ovat

löytäneet muodon muodottomalle. Ahdistuksen ei tarvitse olla epämääräinen

möykky rinnassa tai masennuksen hahmotonta pimeyttä. Runous antaa näille

kokemuksille kasvot ja äänen sekä mahdollistaa dialogin niiden kanssa.

Projektin työnimenä kulki pitkään "Itseterapiaa", mikä sopiikin yhteen sen

seikan kanssa, että terapeutit usein rohkaisevat asiakkaitaan kirjoittamaan jo mainituista syistä. Voi olla, että Sinun runosi ovat vielä kirjoittamatta.

Toimikoon tämä antologia myös lupana ja rohkaisuna tarttua kynään, asettua

kuunvaloon ja purkaa sisimpiä tuntoja. Voi olla, että inspiraation iskettyä kynä

käy vielä aamun ensi kajastuksessa.

Tekijäryhmän puolesta, Mikko Ylirinne Pyhäjärvellä 2024.

Sanni Pessi – Pieninä palasina

Onni

Onni sisälläni
pirskahtelee
ulos
pieninä palasina
silloin, tällöin
kun olen avoinna

Liian kiltti

Hyvyys
sisälläni
jaan sinua
muille
liikaakin
itselleni
jää vain rippeet

joilla en aina pärjää
Nyt muutos
annan hyvyyttä
ensin itselleni

Minä

En halua
olla joku
muu
joka vie
minua
kauas
itsestäni

Esitys

Silmät punaiset
itkua täynnä
roska vain,
siitepölyä
ei huolta

pyyhin kyyneleen.

Aivokemiat pielessä

Ohi kulkee
varjo vain
olet tässä
mutta silti
jossain muualla

jokin on sinut
vienyt hämärään
tilaan,
jossa mieli synkkenee
valoa ei näy

Ulospäin olet
yhä sinä
mutta sisältä
jokin on sinut
muuttanut

olet itsesi

kahleissa
aivokemiat
pielessä

apua!

Lonkerot

Kaipaus
itseni kaipaus
olen siellä
surun keskellä
lonkeroiden puristuksissa
etsin tietä ulos
haluanko ulos vai
jäädä tänne?

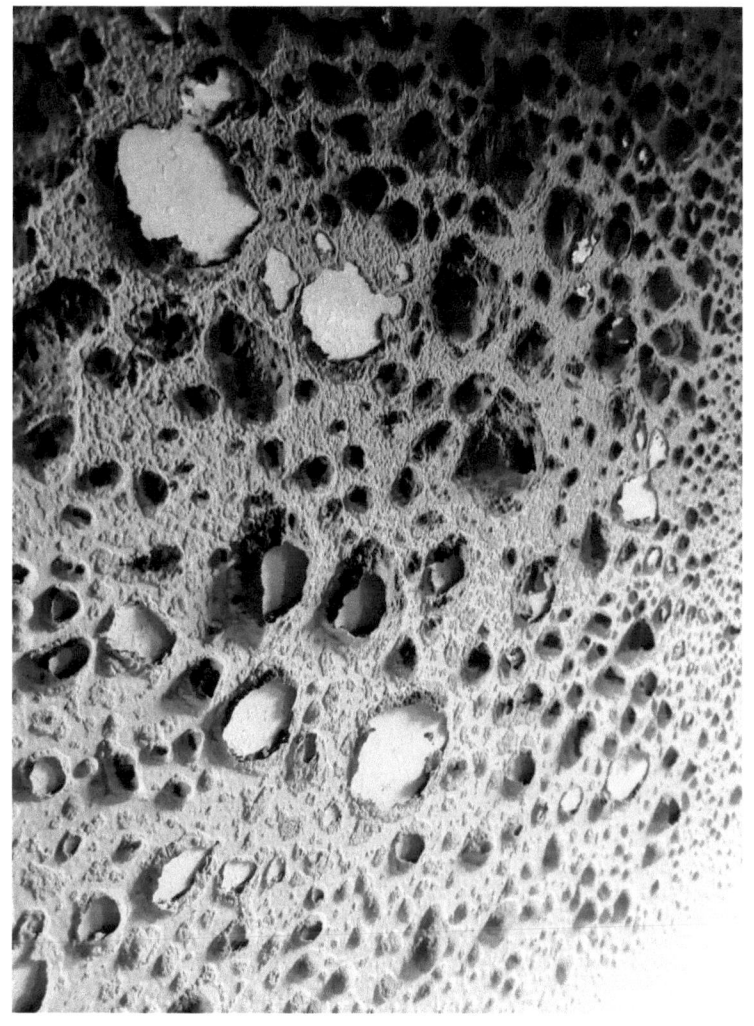

Savu

Synkkä savu
mustat seinät
seinät, joissa oli elämää
ovat kuplia täynnä.

särkynyt, sitä ei ehjäksi saa
muistot seinien mukana
palaneet ilmaan

kuplien välissä
pieni ripaus elämää

Mielikuvitusmaailma

Ota kädestäni kiinni
lennetään pois
täältä pahasta paikasta
mielikuvitusmaailmaan,
jossa asiat ovat paremmin

ei huolia, ei murheita
saa olla oma itsensä

ja hetken aikaa
olen onnellinen

Luovutus

Luovutin
sanoin itseni irti kaikesta
itkin, itkin ja itkin.
suunnittelin
olin jo tehnyt
päätöksen
kunnes ovelleni
saapui lapseni

Minuus

Olenko minä,
minä?
ilman sinua?
Veitkö mukanasi
osan minua?

ryökäle
tuo minut
takaisin

Taulu

Maalasin taulun ilosta,
Siitä tulevasta, onnesta.
Kuinka elämä hymyilee
Ja kaikki on hyvin

Laitoin taulun keittiön
Seinälle muistuttamaan
Itseäni ilosta.

Nyt taulusta on vain
Jälki seinässä
Taulu paloi
Vei mennessään ilon
Elämän ilon.
Toi tilalle surun, tuskan
Ja ikävän.

Mutta vielä minä maalaan uudestaan
Ilon taulun.

Ikävä

Ikävä
huulia
käsiä
kosketusta

ja niin
suklaata

Sanoja

Valheenpaljastuskone
sille olisi nyt käyttöä
puhut vain mitä
sylki suuhun tuo

sanot ne sanat
mitä haluan kuulla.

Tule, älä tule

Kaiken aikaa
äänettömästi
lähestyt
olet jo melkein
vierelläni
Nyt jo liian
lähellä

ja nyt juoksen
karkuun.

The thrill is gone

Kylmät väreet
tunnen saman tunteen
minkä sinä tunsit kauan sitten
Musiikki hulmuaa, vangitsee
hiljaista herkkää sointua
Möreä miesääni
möreän miehen tuskainen huuto
huuto vetää sisuksiin
rytmi on minussa
musiikki, sen elämä on minussa
tunnen virran kulkevan läpii
ajaudun musiikin horrokseen
silmät kiinni keinun
tunnen kuinka mies laulaisi
vain ja ainoastaan minulle.

Muovipussi

Elän muovipussissa
näen, mutta huonosti
samalla tavoin näette minut
huonosti
ette tiedä
minkälainen oikeasti olen
kukaan ei ole koskaan
ottanut muovipussia
pois päältäni

Tanja Säisä - Lauantain savenvalaja Helsingissä

LAUANTAI

Alkaako silloin elämä
vai seuraako mieli musta?

Joo,
ei elämä oo helppoa,
jos ei ota kiinni vielä kuolema
piinaa vaan väkevä ikävä.

Joo,

onhan mulla vielä
jäljellä omat ajatukset nuo,

jos elämä ei aitoa rakkautta suo.

Onhan meillä vielä jäljellä rakkauden rippeet,

mutta missä suuret tunteet piilee.
Päivät ja tunnit, antavatko ne enää armoa,
jos en ketään aina jaksa palvoa.

Ei rakkaus ole helppoa,
oma tie piiloon meidät välillä vie.
Löytyykö joskus yhteinen tie,
heitän ajatukset nuo jo hiiteen.

SAVENVALAJA

Vaikea on tie ollut,
toivoa on markalla kertynyt.
Mietin kaksi kertaa ennen kuin hosun.
Nasaretin tie kulkee alas pitkän polun.

Hölmöt kerjää rakkautta,
niin oon luullut.
Hullut juoksee pakoon mahdollisuutta,
niin oon kuullut.

Savenvalaja,
kuvaatko rakkautta.
Polun varrella on toivoa,

savea matkan varrella.
Israel on mun taidetta.

Haikeat, raskaat on tien solmut,
halvalla myyt teoksesi.
Mulla on matkaa vuoria pitkin.
Rukoilemallako saan voimaa,
Saanko kaikki virheeni anteeksi?

Savenvalaja,
odotatko kunniaa?
Nasaretin tie on kuivaa maata,
savea jalkojesi alla.
Nasaret on sun taidetta,
kaikki maan hedelmät sun aarteita.

VÄHÄN SATAA

Kevättä rinnassa,
ei haittaa jos vähän sataa.
Ei sairaalan vuoteelta pysty auringosta nauttimaan,
ei haittaa,
vaikka vähän sydäntä paleltaa.

Onhan tunne ikävä ehkä ilkeä,
kunhan et unohda mua.
Oon jo kahleista vankilan irti, mielikin
tosi pirteä.

Unohdetaan se viimevuotinen,
sehän oli vaan koulu elämän.
Kovan kurssin kävin juonenkäänteineen,
silti läpi pääsin, eteenpäin.

Elämä voittaa,
se ei tapa.

MOI

Pimeys laskeutuu kauniisti.
Yksi valo vain nurkassa,
huone on pieni mutta täynnä turvaa, ehkä tulevaisuutta.

Katse huomisen
on naurava,
nään siellä meissä vain hyvää.
Toivoa, unelmia, täytettyjä lupauksia.

Moi, lukee kirjeessä,
on sanat täynnä rakkautta,
vaikka emme elä enää samoissa neliöissä.

Kun aikuisuus sut noutaa
matkaan suurien haasteiden,
on mulla aihetta tuntea oikeus ylpeyteen.

PAHOLAINEN

Tänään oon sitä mieltä että elämä on vajavaista.

Aamulla väsyttää, yöllä on valvottava.

Huomenna käännän takkini ja alan elämään.
Piru on ainoa, joka onneani voi enää sotkea.

Tulkoon mua estämään, joka pahaa haluaa.
Paholainen on ainoa, joka pelkkää rahaa rakastaa.

Taivas on avoinna,
paha sitä pelkää.
Helvetti on valloillaan
kun alan elämään.

AARRE

Seuraavan päivän vuoksi jään sua odottamaan.
En voisi jättää sinua.
Kanssasi en ole yksin,
yksin en ole ilman sinua.
Jään ajatuksissani sua palvomaan.

Universumi kierii,

minä kaadun edessäsi.
Anelen polvillani,
elämä on muistanut minua,
olet aarre
tarvitsen sinua.

Seuraavan päivän vuoksi jään sua ajattelemaan.
En voisi pilkata sinua,
kanssasi en ole luuseri.
Yksin en ole ilman sinua.
Yksinkin olen turvassa.
Olet muusani.

SULANUT MAA

Kaupungin valot hukkuvat
pimeään,
katuvaloihin jään.
Tunne herättää, sisimpäsi
näyttää mulle vihreää.

Maa alkaa sulamaan.
Yhdessä kun katuja kuljetaan,
vastaantulija suo hymyjä.

Illansuussa kerroit,
nähdään huomenna.
Ollaanhan enemmän kuin vain ystäviä.

Kevät alkaa tulla.
Soitellaan illalla kun laskee pimeä.
Erillään kun joskus ollaan,
ikävöin vain sinua.

VAPPUPALLOT

Takana suljettujen ovien haaremi,
tulkoon vastaan avoimien ovien päivä.

Suru suurin jäi jälkeeni,
hautajaisten sijaan kai vietetään häitä.

Kutsun sain elämän karaokeen,
kello on jo liian paljon.
Palataan huomenna melodioiden pallomereen,
tänä yönä kaipaan vain unta palloon.

Edessäni mahdollisuuksien baletti.
Huutakoon menneisyys perääni niitä tai näitä.
Ajakoot paremmat mut vaikka helvettiin,

kastajaisten sijaan bailataan keskellä yötä.

Kutsun sain elämän karaokeen,
aamu on jo aivan liian pian.
Nähdään ennemmin huomenna vappupalloinemme,
tänä yönä tarviin vain siunauksen viisaan.

KUOLEMAN ESIPORTTI

Nurkat pölyttyneet ympärilläni,
huoneen saan puhtaaksi;
muistoja, surullisia mielessäni,
kuukausissa ne muuttuivat kirkkaammiksi.

Ei ole vuosi ollut helpoimmasta päästä aikoihin,
koinko kuoleman esiportin?
Notkuiko enkelit kalman ympärilläni,
mutta jäivät jalkoihini, kompastuivat niihin.

Ei oo ollut painajaisia,
pelkkiä unelmia tulevaisuudesta.
Viereen toisen on taas helppo painautua,
en pois työnnä pelokkaana.

Yöt on taas elämisen arvoisia,
voin omin voimin kääntyä.
En tarvii ketään taluttamaan,
et oo mun tarjoilija.

Oon tolpillain,
en enää meinaa kaatua.
Elämä on näin mulle arvokkain, omaksi saatua.
Sen puolikkaan annan sulle lahjaksi, aivan omillain.

HELSINKI

Oishan kiva lähtee reissuun,
perillä
hotelleja, motelleja.
e-e-e
Etsitään paikka rauhallinen,
ei alueille puliveivareiden.
Eikä toukokuussa oo enää kohmetta.

Helsinki jos meitä odottaa,
kesällä reissu olis paljon hauskempaa.
Lomaa viisi viikkoa,
radalle vaan,
kunhan yön jälkeen ollaan turvallisesti kotona.

Oishan kolmistaan aina hauskempaa
 kuin kaksin käydä
yksinpuhelua.
Hotelliin jos nukahtaa,
kaikki on pilalla.

Mitä kaikkee Helsingin yössä keksiikään,
on siinä aina jotain salattavaa.
Paukkuja nassuun, tanssitaan pöydillä.
No, ei vaiskaan,
me ollaan kilttejä tyttöjä.

Turpa kii

Turpa kii
Istut edessäni,
lausut rumat sanasi
Näytät keskisormesi
seuraavaksit jo etsit piiloasi.

Tarvitse en sääliä,
 kehuja,
jotka itsetuntoa hivelisi,
voit silti hehkuttaa.
Ne ei kokonaisuutta määritä.
Ne kokonaisuutta määrittää.

Turpa kii
turpa kii
tartun mikkiin

Jo vedän täysillä Venusta
oon fiiliksissä,
voi näitä säveleiden sfäärejä.
En pilkastasi mä enää perusta.

Tarvitse en pisteitä,
niitä kehuja,
jotka mieltäni imartelisi,
voit silti suitsuttaa.
Ne ei tätä kokonaisuutta määritä.
Ne kokonaisuutta määrittää.

Vedän täysillä Venusta
kehut pöydästä maailmantähdeksi.
Vedän täysillä kasaria
Joko sä toinen laskit keskisormesi
Annan mä tällä kertaa anteeksi.

Jumalan hullut - Mikko Ylirinne

BUSSIPÄIVÄKIRJA

CURRICULUM VITAE

MAANALAINEN SEURAKUNTA

MATTAPINTAINEN KIRKKAUS

BUSSIPÄIVÄKIRJA

Äänettömät vesipisarat ovat ystäviäni.

Niissä taivas silittää kovaan maahan kaatuneita.

Seison hiljaa pysäkillä, ja sielussani on niiden kaltaisia.

Sateen jälkeen maa on taas hetken pehmyt.

Bussin ikkunoissa on läheltä katsottuna liikuttavan kauniita roiskeita.

Tällaisina hetkinä tunnen Luojan välittävän

- ehkä Hänkin on herkkä, kun runoilee.

Astun ulos sateeseen.

On arkipäivä ja käyttövastike maksamatta.

Herra, kaipaan pienuutta – lupaa siihen ja rauhaa.

Näin on ihminen mysteeri, paitsi Sinulle.

Vieressä vilisee rukoileva männikkö,

oksat ontuvasti taivasta kohden.

Ne ovat suoria ja korkeita puita,

mutta taivaan alle nekin jäävät.

Osa koivuista on käppyräisiä vaan kauneutensa on niilläkin

- värit ainakin kuin korkeimmalta paletilta!

Kiemuroissa ja koukeroissa nöyryyden siunaus.

Luen mainoksen tuotteesta, jonka luvataan tekevän minusta minut.

En ole myynnissä sen enempää osina kuin kokonaisenakaan.

Nämä kauppaidentiteetit vain peittävät kasvojani ostos ostokselta.

70-luvun kerrostaloja ja bussissa itkevä lapsi.

Sopii sitä kai itkeäkin, kun uudisrakentaminen lyödään laimin.

Asuin täällä vuosia.

Lähiö on yhtä rakas kuin rumakin.

Nyt olemme jo rikkaammalla alueella.

Yhteiskuntaluokat maantieteellistyvät,

muuttavat muotoaan kuin pääkalloperhoset.

Olen niin väsynyt, etten jaksa edes suuttua.

Suoraan lukiosta tulleet fuksit uskovat valloittavansa maailman.

Joskus olisin riimonut heidät pilvistä alas, mutta nykyään miltei kadehdin.

Huomaan olevani hieman katkera, vaikken tahtoisi.

Ei Kristuskaan palveltavaksi tullut,

mutta silti, jos olen rehellinen,

minuun sattuu nähdä toisten menestyvän.

Tämä aamu on kuolema, josta selviää.

Kaikki viisaat sanat ovat karanneet, ja maailma asettunut kahvikuppiin.

Lämmin ja pehmeä lohtuliemi, raittiin miehen viina.

Luin iltapäivälehdestä, että kuolemaa ennakoi varmimmin elossaolo.

Kuolemalla on kuulemma monia nimiä, joskin jokainen niistä on tietämättömyys.

Elämänkin hinnan me tiedämme: alta kaksi euroa paitsi viikonloppuisin.

Toisen maailmansodan jälkeen, kirjailija kuvasi, meidät valtasi kyynisyys:

totuudet raukesivat, ja elämä petti meidät.

Masennuimme eikä mikään ollut enää luotettavaa saatikka turvallista.

En taida olla ihan tässä maailmassa, mutta ei se häävinen paikka olekaan.

Kuplassani henki voittaa aineen, ja armo on vahvin kilpailussa kuin kilpailussa.

Pysäkillä stressaantuneita työmatkalaisia.

Dissosiaatio on hieno sana, jossa aaveet vaeltavat – on vain havaintoja havaitsijatta.

Kaikki leijuu, väreilee ja ailahtelee.

En ole täältä eikä tämä ole missään.

Argumentoin filosofian luennolla, ettei kaikki ehkä olekaan turhaa.

Seurasi kiusallinen hiljaisuus, jonka katkaisi uusi aihe luennoitsijalta.

Taisin tehdä jotakin väärää.

Henkinen realismi – pidän käsitteestä.

Me havaitsemme hyvyyttä ja pahuutta ja kauneutta.

Tunteemme ja havaintomme ovat todellisuutta.

Mitä me havainnoimme, jos emme todellisuutta, ja eikö sydän ole aisti?

En näe suurissa ja juhlavissa tilaisuuksissa ristiinnaulittua Herraani.

Tuskinpa Hän yliopistollakaan viihtyisi

- täällä kunnia on rakkautta rakkaampaa.

(Ja kyllä, luin tänä aamuna Assisilaista.)

Bussi saapuu lipastolle, ja ihmiset purkautuvat liukuhihnoille kasattaviksi.

Itse tipuin siltä jo vuosia sitten.

CURRICULUM VITAE

1. Prognoosi

Neljä on pirua ympärillä,
neljä saatanan enkeliä:

Ensimmäinen on nuorimmainen,
mustapukuinen itkijänainen.

Toinen kehon muisto kidutuksesta,
aavesärky tuntemuksissa.

Kolmantena kova kuri,
lammen pinta kauhun yllä.

Neljäs on esikoinen,

sielunsyöjä, kaalimato.

Nämä neljä yhdessä

roikkuu Herran hirressä:

hiljaa, hiljaa vaikenee

tukehtuvat perkeleet.

2. Lapsuusmuisto

Tarinassa kaksi hahmoa:

- toisella ei ole kasvoja, ei ääntä eikä käsiä,
  vaan kuitenkin nämä kaikki.

Niin kuljimme siis yksinäni samaa tietä yhdessä.

Rukoilin pakkaskeliä välttääkseni kivun ja jään,

   sillä pakkasella ei ollut kylmä.

Kun ne eivät saartaneet meitä, kiitin hiljaa ystävääni

- olimme selvinneet päivästä!

Tätä jatkui koko sen talven.

3. Tunteikas mies

Onko minulla tunteita?

Mahanpuruja, rytmihäiriöitä,

hikoilua ja tärinää.

Kiihtynyt syke ja levottomat raajat.

Sumuna humiseva mieli ja tyhjä katse.

Siinä ne, mitä minulla on.

Kaiken tämän alla olen tunteikas mies.

4. Elävä kasvi

Elävä kasvi marmoripylväiden joukossa

on seurakuntansa kummajainen;

hän sopi joukkoon aina rikkoutumiseensa,

kunnes kohtasi Jumalan.

5. Peloton

Ensimmäistä kertaa olin vahva.

    Kun muut pelkäsivät kuolevansa,

    minä hartaasti haaveilin kuolemasta.

Saatoin nauraa tappajille, taudeille ja murhamiehille

    -   ystävät hyvät, ette kauhistuta kuin elämä!

Hengitin lapsuuteni rikkiä,

ja menetin tuntoni liekeissä.

Unelmani hukkuivat kyyneliin,

vaikken voinut edes itkeä

    -   millä te minua satuttaisitte?

6. Lukumääriä

Kun menimme naimisiin, emme toisiamme tunteneet.

Ensinnäkin, että minua oli niin monta,

ja toiseksi, sinua ei yhtäkään.

Opettelimme rakastamaan toistemme alati muuttuvia lukumääriä,

sillä muuttuessamme me myös pysyimme.

7. Siunattu hulluus

Välittäminen istuu pöpilässä,

potilaskeittiön kahvipöydässä.

Se keittää kaikille omista pööneistään

ja jättää karkkipussinsa pöytään.

Se vuokraa leffan illaksi,

ja me hullut syömme sipsejä.

Se jättää leffan pöydälle,

sillä yöhoitajatkin ovat ihmisiä.

MAANALAINEN SEURAKUNTA

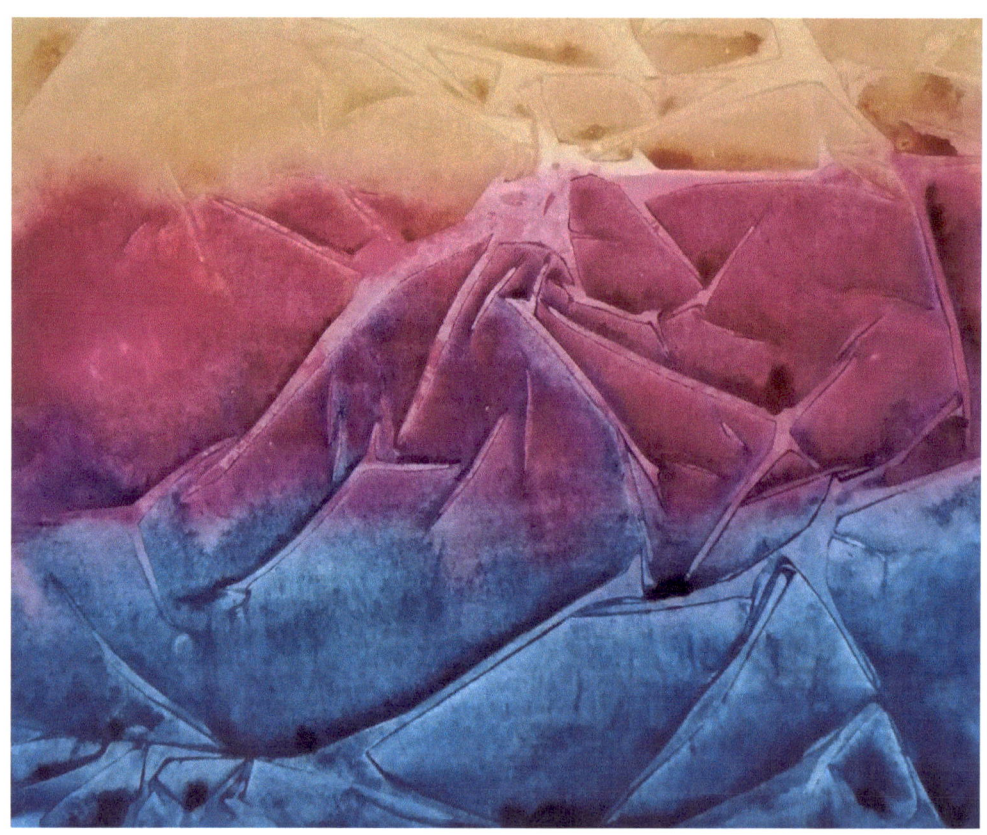

Kristuksen ruumis vääntelehti ja ulvoi tuskasta.

Häväistyinä eläiminäkin kannoimme itsessämme Jumalan kuvaa.

Omien mieliensä vainoama seurakunta kokoontui katakombeissa

- Jumalan hullut!

Mitäpä sitä osaisi sanoa, kun rakennettu sortuu?

Känsät peittyvät haavoihin ja haavat arpiin.

Ystävät jättävät sinut masentavana,

puolison valtaa kiukku,

eikä elämä enää itseäsikään huvita.

Täytät kaavakkeita ja lasket lantteja,

kun televisiossa puhutaan leikkauksista.

Sielu vuotaa silmistä sirpaloituessaan.

Ei meitä luotu tänne vapisemaan.

Äärettömissä leipäjonoissa kysytään oikeutta,

vaikkei sitäkään ole.

Sairailla on kaiketi Jumalansa ja Jumalalla sairaansa.

Hänestä ei oikein ole sopivaa puhua, vaikka muuta ei enää olisi.

Ääretöntä äänenpainetta vasten vaikenee vaskena taivas;

lampaat teurastetaan kuin paimenensa

-Hän piti lupauksensa.

Pitkäperjantaina voimamme herkeää,

huudamme hylkäystä Herramme lailla.

Osallinen tappioon, mutta myös voittoon.

Vain kuollut voi nousta ylös.

MATTAPINTAINEN KIRKKAUS

1

Lehdettömiä puita alkutalven pakkasessa.

Lunta ei ole kuin roskia.

Ihmiset eivät ole vielä tottuneet kylmään enkä minäkään.

Mies käynnisteli autoaan parkkipaikalla niin että tulpat varmaan kastuivat.

Kaikki oli kaunista, ja minua itketti.

2

Alkaa uusi päivä

kantaen toivoa

kuin tuuli ääntä

-   avunhuutoa.

Helpot vastaukset

sulivat kevätauringossa,

ja minä kaivoin niille uomia

virrata pois tästä kaupungista

3

Nöyryys elämän ääressä,

etsiä ja uskoa tietämättä,

elää todeksi epäilemättä

tai elää todeksi epäillen.

Armollisten silmien alla

ei tarvitse tietää -

jos toivoo, toivo on tosi.

Jos jotain voidaan sanoa,

on se sanottava hiljaisella äänellä.

On suurempaa kunnioittaa kuin halveksia,

mutta en osaa perustella miksi.

Aavistus siitä kysyy

aavistukseltani maailmasta,

tämä nyökkää ja hymyilee,

ja minä toivon.

Jos perustavin tieto voidaan vain aavistaa,

on tätä aavistusta pidettävä totena.

En osaa lainkaan perustella,

mutta en pitäisi järkevänä väittää muuta.

4

Silmä näkee, ja jos vähintään kolme, todellisia.

Sama on korvalla, vaan neniä riittää kaksi kuin ihojakin.

Omatuntoja ehkä pari miljardia, sieluja ei riitä seitsemänkään.

5

Luomakunta huutaa kuiskaavalle Jumalalleen.

Hiljaisuuden hajottama maailma murtuu omaan

äänenpaineeseensa,

eikä kuuloa enää ole.

6

Sanotaan, että Jumala kätkeytyy vastakohtaansa,

köyhyyteen, kurjuuteen ja kuolemaan.

Millainen Jumala syntyy eläinten kaukaloon keskelle köyhyyttä,

tekee vuosikymmenet tavallista työtä oppisopimuspohjalta,

ja herää ja nukkuu ja syö ja ulostaa?

Hän puhui viisaita eikä ollut niin väittelynhaluinen kuin minä.

Ennen kaikkea hän rakasti ja uhrautui, mikä oli hänen suurin tekonsa.

Tahtoisin olla enemmän Hänen kaltaisensa,

mutta huomaan kaipaavani paljon räikeämpää kunniaa.

Hänen kunniansa kätkeytyy häpeään, vereen ja eritteisiin,

eikä ihmisyyteni kestä tai edes ymmärrä sitä.

7

Kun Sana tuli lihaksi
oraaliseen kakofoniaan,

kun henkilöitynyt Totuus
puhui meidän valheillemme,

kun Karitsan kavion alla
sätki käärme kuolinkorinoissaan,

kun Jumala ilmoitti itsensä

                        mattapintaisessa
          kirkkaudessa,

…

kun näin Jumalan hulluuden kunniassaan,

ymmärsin, miksi älyköt Häntä vihaavat.

8

Hiljaisten sanojen huulilla

on Korkeimman kunnia;

heikon huokaus kaikuu

taivaisessa temppelissä.

Ylpeä nauru kuolee jo esipihoille,

pilkat palavat taivaan tähtiin!

Kaikki rammat ja raajarikot, kuulkaa ilo:

- Hän on mielistynyt heikkouteen!

9

Silmut nousevat lämmittelemään…

Sami Antero Nygrén – Ihoni turha murhekuu.

Ajatukset ovat tunteideni revenneitä lahkeita

pelkotakit auenneet, kyynelheijastimet taskuissaan

kaipausaskeleet vievät kauemmaksi

ikäväodotuksen

ilovalkoinen maailma ei ole käytössä

Hiljainen valo ei välitä, miltä näyttää. Viihtyy kuusen alla metsän hämärässä. Ei viihdy parrasvaloissa. Isommat valot saavat sen järkkymään ja kadottamaan itsensä ja yhteyden omaan itseensä. Isojen valojen päivät toistavat samaa. Ne ovat pidettyjä ja niiden elämä sanellaan ulkoapäin. Hiljaisen valon on vaikea sellaista ymmärtää. Se katselee kuusen oksia kymmeniä minuutteja, tunteja tai vuosia. Havunneulasten progea on helppo ymmärtää. Marginaali ottaa juurillaan elämän maasta.

Keidas

Värit vaihtuvat kuin kumppanit
unelmat muuttavat minua oudoksi
kova hinta kosketuksestasi

Unelmakaktukseni sai liikaa hoitoa
unohdus juurikokemuksen ikkunalaudalla
ikävä on ruotoinen ja mudanmakuinen laji

Unettomuus on kekseliäs ja viisas
se oppii helposti ulkoa heikot paikkansa
sanat ovat taidelajikkeita, jotka tekevät satoa
ympäri vuoden

Yksinäinen

I
Sisimpäsi todellisuus, kirjoitushämärää
hiljaisuussydän hellii itseään

II
todellisuusosat pyörivät tyhjää
kirjahyllyn sisältämässä tyhjiössä

III
Yksinäisyyshämärää tyhjiötodellisuudessa
liikamiettivää itsehillintää ruoskaostoskärryissä työntää
myös lapsellisuuttaan
joka painaa hullun lailla jokaista nappia eteenpäin kurkusta
alas

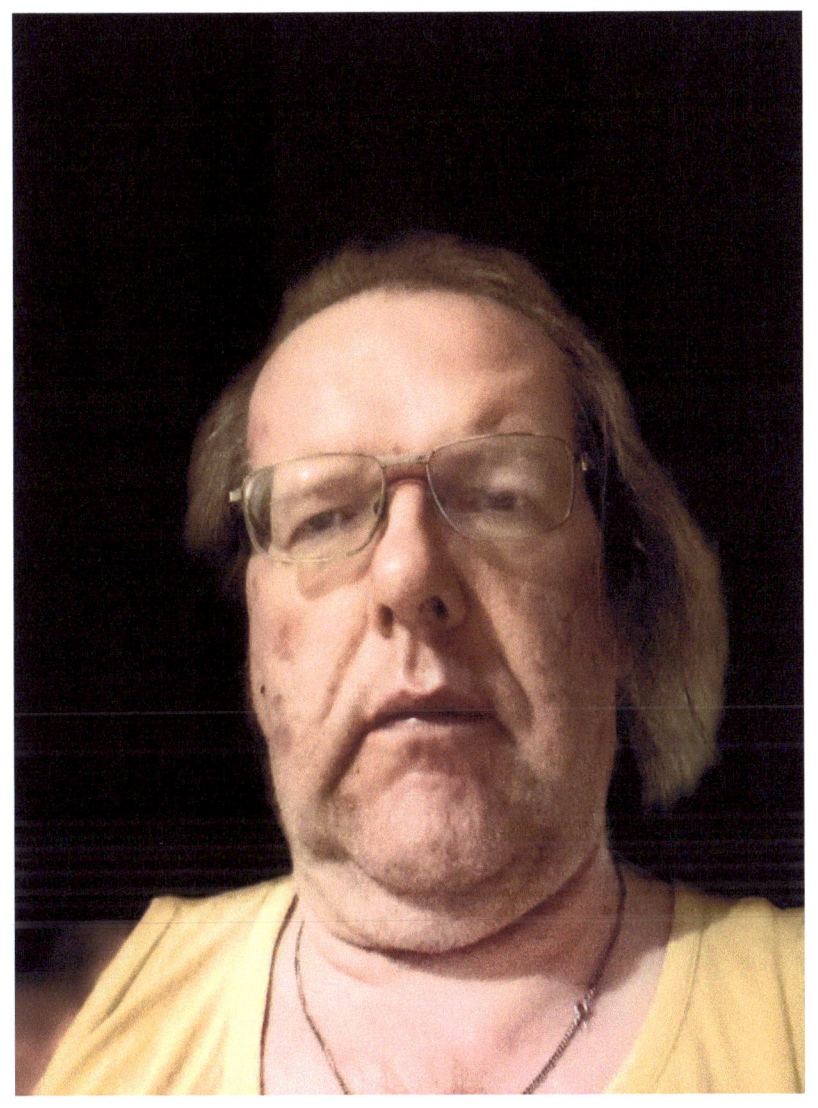

Päiväkirja

On tehnyt mieli
mutta askeleet ovat liian vieraita
tunteet valaisevat niitä

on tehnyt mieli
mutta aamu on näyttänyt totuuden
ja tyhmyys valaisee mielipiteillään

En löydä enää kaunista niin kuin ennen. Turhan ja paetun takana se jossakin vielä on.

Illuusio.

Päiväkirja on minun elämäni. Se jolle kerron rakkauteni. Se jolle kerron minun ruoskani jäljen syvyyden. Kivun ja häpeäni.

Toivon, että joku täyttäisi jokaisen toiveeni, mitä kirjaani olen kirjoittanut

Rikkinäinen kehoni on minun rikottu kotini

Mua ahdistaa oikeassa oleminen, eriarvoistuminen, salaliittoteoriat, teoriat.
Mua ahdistaa rakkaudettomuus, muukalaisviha, valtavirrassa eläminen. Suunnaton typeryys, opettajien seuraaminen, opettajuus.
Mua ahdistaa todellisuuspako omasta sisäisestä totuudesta, viihteen kulutus, perseen penkissä pysyminen.
Mua ahdistaa tyhmyyden kaikki lajit.
Ulospäinsuuntautuneisuus kaikissa sen alamuodoissa.
Politiikka on niistä suurin.
21.2.2024

Katson tuoksua, joka laulaa
ja tanssii ohitse minusta
rytmi on mausteinen ja hieman makea
katson väriä joka unissaan
käveli toiseen palettiin
sekaisin
luuli löytävänsä äitinsä
pysähdyin katsomaan tyhjyyttä
sen irtoavaa kiirettä ja aikataulua
tekotaiteellista pettymystä
kahtakymmentä postimerkkiä siitä,
että kyynelmieleni unohduspilvet,
ovat vain sinun, murhekuusi, edessä

On vaikea löytää
Sanat leikattu tyhjyydellä poikki
ja kirjaimet asuvat turhassa
suuret yleisöt, mitättömät taiteilijat
pysähtynyt kuljettaa meitä huomiseenkin
pettymys saa sukat pyörimään jaloissa

Varjot heräävät väsyneinä iltaan

ne tarvitsevat raudat jalkoihinsa

juostakseen kanssani

mieleni heijastuu seinään

kaipaukseni ei tahdo pysyä kapaloissaan

se on laittanut sulkia ikävähiuksiin

tanssinut jo neljä kuukautta yhtä mittaa

nähnyt elämän varjojen lyhentyneen

ihoni turha aistimaailma

uskon kolmesataavuotiseen Jobiin

Ihminen on järjettömyyden jättiläinen

hänen sanansa on varjoteatteria selän takana

Väsynyt

Ilmeet tekevät surullisen taulun ystävän kasvoille
hieman abstraktin ja modernin

sulka on tie ja kotkankynsi kulkupeli mielesi kiellettyihin
ajosuuntiin

en rakastu

intiaani pääsee perille pidempääkin tietä

läpi tyhjyyden mokkasiinin työnnän uskollisuuteni

Valhe

Äänet ovat kissan kylkiluusta
häpeä on ohutta vuorenrinteillä

hiljaisuus tarvitsee isomman totuuden

pienet kysymykset eivät sovi jokaiselle

rakkaus löytää aina tiensä pois

Kangastus

Nainen sekoitettu valkoisella
huudon silmät nousevat mullasta tikapuilla

huuto yrittää kaataa tikkaat

kuutiot ovat kaikki yhdellä sivulla

värejä pitää kääntää, että kuutiot menevät yhteen
arvoitukseen

minulla ei ole yhtenäistä pintaa

tepasteleva sivuäänimaisemavärinähuutokangastusnainen
minulla on

Vaatteiden askeleet, jotka kulkevat sinuun
mietteiden pihalla
minä olen vähää vailla kello
minuutit miettivät
elämä on kävellyt pimeään

Kesken

Verikokeissa näkyi keskeneräisyys,yksinäisyys ja
ulkopuolisuus

maailman raakuus, ihmisten itsekkyys, tahaton ihmisviha,
kissaihmisyys, äidin kuolema, kristinusko,
rukoushedonismi,

eilinen ja tulevaisuus,
järkytys ja järkkyminen,
kauneudentajun tapainen, jääräpäisyys, naapurin
alkoholismi, pissan yläjuoksu,

sininen musiikki, pikkuasioista numeron tekeminen, juurien
etsiminen, illuusioiden runsaus,

vähäverisyys, madonlakki oli jäänyt naulakkoon kun
kävelin sisään lääkärin huoneeseen, jätin madonlakin
naulakkoon lähtiessäni,

surrealismi ampui tavallisuuteni pianonkoskettimella,
hulvaton ylpeys karisi kuin tupakantuhka, aivastus kuului
porukoihin

Yksin

Illalla surullisen kokoiset silmät

unimies puhuu

hämärästä

johon lisätään yhdeksän keltaista tanssia

kirjoitukset syövät pienillä käsillään

surullisen kokoiset silmät

pimeän soidessa askelten yössä

keltaista tanssia yhdeksässä hämärässä

joissa unimies puhuu koko illan

yksin

Tänään ajatukset vartioivat

väreissä ympyrää

ensimmäinen sija

hiljaisuus

      uni

yritän löytää päiviini jotain

hiljaista

värien ympyrää

uni on ensimmäinen

             hiljaisuus

Hiljainen

Numerot puhuivat järjelle keltaisesta sadetakista

unet ovat hiljaisen kirpputoreja

näin tänään pöydän, jossa oli yksi toive, intohimo,
aistiherkkyys, hipinsydän, levenevät puntit, kasvava tukka,
ajattomuus, maailmanrauha, aselevonjulistus, peacemerkki,
psykedelia ei astu koskaan paskaan - pinssejä, pienet siivet
lentävät ja yhteisymmärrys

Minäkin pelkäsin lyöntejä

Sanojesi nyrkeissä oli monen miehen voima

sillä minulla oli tunteet

elin joka solullani sinulle

siksi sanojesi tuska oli sietämätöntä

pelkäsin sinua

olen ehkä naurettava mieshenkilö

kun en lyö takaisin

hajota luottamusta

monesti otit vitsinikin tosina

et ymmärtänyt kun tarkoitin sanoilla

ironisesti ja lempeästi päinvastaista

kun suoranaisesti sanoin

esim. silloin kun sanoin, että heität minut pihalle

tarkoitin, että voin mennä kotiin

minullakin on paljon tehtävää

ikävä kyllä suhde oli liian väkivaltainen

epänormaalista oli tehty tavallista

hyväksyttyä

keskiluokkaista arkea

toinen ihminen on jotakin

minkä voi hajottaa ja koota

yhä uudeleen

ja uudelleen

ja udelleen

Laura Aro – Kiertoradalta

Salaisuus

Se metsä paloi kauan sitten

siellä eli niin outoja lintuja

että kauempaa katsoessa ne olisi voinut sekoittaa

piikikkäisiin orkideoihin

tai suippolakkisiin sieniin

omituistakin omituisempiin soiviin hedelmiin

eikä korkeimpien puiden latvoja oltu koskaan tutkittu

metsän sydämessä oli rauhallinen lampi

jossa asusti varovaisia otuksia

niiden hiljaisuus halkoi puiden juurakkoja

ne napsivat syksyisin ruskan keltaamia lehtiä

lammen pinnalta

Yhdentekevää

yhden tekevää

yh-den-te-kevää

den keväät eyh

tekevä ä yhden

Puukkoruno

Ne olivat siistissä rivissä, kiinnitettyinä seinälle

kauniit koristeet kaiverrettuina tuppiin

Opetettiin veistelemään aina itsestä poispäin

Silti täällä puukotetaan sujuvasti selkään…

Lisää puukotusjuttuja

tämä on maailman mahtavin puukkoruno

ja nyt se on kadonnut iäksi bittiavaruuteen

ei, pakko se on tallentaa

Mulla ei enää ollut sitä

se oli vain kadonnut

se ei ollut poissa niin kuin syvä railo

se oli haihtunut hiljaa tomuksi, niin kai

pieniksi menneisyyden hiukkasiksi

joilla ei enää ollut merkitystä

se oli mennyt, ei tuleva

ehkä jäi paljon, hyvä.

Hessu

Hessu on jäänyt mieleen persoonana

se söi ruuakseen raakoja sisäelimiä

se eli 18-vuotiaaksi

kuten monet kissat.

Itse asiassa olimme samaan aikaan 18-vuotiaita.

Todennäköisesti Hessu oli kaukainen sukulainen edellisestä elämästä

ja kulki niistä yhden mukana kissana.

Sitruunoita

Elämäni kokkina (elämäni kalkkunana)

Sitruunaa ja oliiviöljyä kanoille

ja ne paistuvat maistuviksi ja meheviksi

Nam nam

Kuulin eilen

Kuulin eilen että tähti –

tieteellinen syksy on alkanut silti

syksy alkoi jo syyskuun myötä minulle

syksy tarkoittaa

juhlaa ja kynttilöitä tiedän

että

lehdet   p

         u

          t

           o

            a

            v

           a

           t